JUSTICE !

PAR

UN OFFICIER D'ARTILLERIE

DE

L'ARMÉE DE PARIS

PRIX : SIX PENCE

TOUTE LA VÉRITÉ

RIEN QUE LA VÉRITÉ

LONDRES

nternationale, 18, Claremont place, Judd street.

1871

JUSTICE !

PAR

UN OFFICIER D'ARTILLERIE

DE

L'ARMÉE DE PARIS

LONDRES

Imprimerie internationale, 18, Claremont place.

1871

A M. LÉON GAMBETTA.

Monsieur,

Quand vous étiez à Bordeaux tout puissant,
alors que notre pauvre pays roulait expirant
de désastres en désastres, vous eûtes un éclair
de patriotisme ;

Vous fîtes l'impossible, pour que cette
France agonisante allât se ruer, dans un effort

suprême, sur ce peuple de lâches et de voleurs qui maintenant ronge son cadavre.

Cette lutte dernière, qui aurait anéanti l'un des deux lutteurs,

La France ou la Prusse,

Vous l'avez voulue.

La France aurait-elle succombé?

Peut-être !

Parce que le DESESPOIR, c'est quelquefois la VICTOIRE.

Mais qu'importe?

La France pouvait mourir.

La mort, c'était l'honneur.

Et de toutes ses gloires, sa gloire la plus pure, c'eût été de mourir alors.

Quand vous le poussiez à ce glorieux suicide, vous aimiez notre pays, monsieur, vous aviez l'âme d'un Français.

Vous étiez homme de cœur.

Qu'êtes-vous aujourd'hui?

Comme nous, vous savez, et de science certaine, que ces évènements lugubres qui nous font, nous Français, les plus misérables des peuples misérables, sont l'œuvre patiente d'un vieillard prodigieux de vice et de rouerie, qui s'est joué de ses complices idiots, Trochu, Jules Favre et consorts ; qui s'est joué de Bismark, de Guillaume, de l'Europe toute entière, pour se faire avec des cadavres ce

trône de PRESIDENT, sur lequel il va mourir
·d'aliénation mentale, de monomanie furieuse.

Cet homme, ce M. Thiers,

Vous êtes son laquais !

Triste !... triste !...

Et pourtant, que de bien vous auriez fait,
vous, par le prestige de votre beau talent, en
écrivant cette Vérité que le pays ignore et
qui nous doit venger de toutes les hontes, de
toutes les misères, que nous n'avons pas mé-
ritées !

Vous la trouverez ici, Monsieur, cette Vérité, mais sans le moindre prestige.

Puisse-t-elle vous dire à quels devoirs sacrés vous avez failli, en oubliant à Paris, maintenant, ce que vous étiez à Bordeaux l'an dernier.

———————

JUSTICE

MENSONGE ET VÉRITÉ

I.

MENSONGE ET VÉRITÉ

Plus d'une fois l'histoire, en ses pages tristes, nous a dit les haînes, les vengeances implacables qui, dans les guerres civiles, poussent le vainqueur à des excès inouïs.

Mais, chez aucun peuple, en aucun temps, cette raison du plus fort, cette *folie* u plus fort, n'a eu les proportions immenses que lui ont données, que donnent, encore, les Versaillais à Paris.

Dans cette histoire lugubre, connue seulement de quelques vivants qui n'osent ou ne peuvent la dire, y a tout un monde d'horreurs innommées.

Et cette histoire continue simplement l'histoire du premier siége. C'est le même livre augmenté seulement d'un chapitre nouveau.

Aux 17,000 cadavres de Trochu sont venus s'ajouter les 30,000 égorgés de Thiers.

Mépris et pitié pour ce Trochu, pour ce général imbécile qui ne fit qu'obéir, inconscient, à la volonté de ce Thiers qui nous commande aujourd'hui.

Mais que pour celui-là, Justice soit faite.

Que l'on sache enfin ce qu'il est, ce qu'il a fait, ce qu'il a voulu.

Car, s'il est un temps pour les mensonges, il est un temps pour la Vérité.

Et il le sait, ce vieillard, ce qu'il y a de dangers pour lui, pour ses valets, pour ses complices, dans cette Vérité qui lui fait peur.

Combien de choses n'ont-ils pas faites déjà, tous

ensemble, pour l'anéantir, cette *Vérité*, et combien n'en feront-ils pas encore.

C'est pour cela que notre pauvre pays, qu'ils ont mis si bas, ils le couvrent d'ENQUÊTES et de CÔURS MARTIALES ; piéges cachés sous des noms honnêtes ; piéges, où sera prise une fois encore cette France tombée qui se laisse prendre à tout.

Ce sont :

L'ENQUÊTE SUR LE GOUVERNEMENT DU 4 SEPTEMBRE ;

L'ENQUÊTE SUR LA CAPITULATION DE PARIS.

L'ENQUÊTE SUR LE GOUVERNEMENT DE BORDEAUX ;

L'ENQUÊTE SUR LES CAUSES DE L'INSUR-RECTION DE PARIS ;

Enfin les Cours Martiales de Paris, Lyon, Marscille, etc.

En apparence,

Ces *Enquêtes* semblent, donc, créées pour faire la lumière sur les choses et les hommes qui leur sont déférés.

En réalité,

Elles sont là, pour offrir sous un aspect honnête, les impostures qui serviront le mieux la cause des *plus forts.*

Aussi les a-t-on confiées tout bonnement à ceux-là même qui en sont l'objet.

Le *Prévenu* y devient juge en sa propre cause ; à lui d'établir son innocence, ou sa culpabilité. Son jugement sans appel, ce sera de l'HISTOIRE !

Ainsi le pays, qui se demande aujourd'hui du fond de son immense infortune, d'où lui sont venues et tant de misères et tant d'humiliations, aura pour réponse suprême, pour dernière consolation :

Le *Rapport* des enquêtes !

Pauvre pays!

Mais s'il ne se trouve pas, dans ces *Rapports,* que *le Siège* et la *Capitulation* de Paris au bénéfice des Prussiens, ne furent qu'une hideuse comédie arrangée par Jules Favre, Thiers et Bismark, jouée par Trochu et Ducrot, il le trouvera ici. Parce que la *Vérité* se trouve toujours quelque part.

Les Cours Martiales, ont-elles un autre but que celui de remplacer la vérité par des mensonges ; que celui d'appeler sur ces mensonges la sanction des lois ; que celui de cacher les crimes de Thiers sous le masque impassible d'une justice éclairée ?

N'ont-elles pas mission de prouver quand même que :

Les Versaillais *honnêtes* sont venus punir les révoltés *criminels* ?

Et qu'ils n'ont pas égorgé trente mille citoyens dont les cadavres après avoir fait dans Paris une boue de sang, jettent dans l'air maintenant des miasmes qui font horreur ?

Et qu'ils n'ont pas torturé de tortures sans nom quarante mille personnes ?

Et qu'ils n'ont pas égorgé des femmes, des vieillards, des malades, des enfants ?

En apparence,

Ces Cours Martiales sont composées d'officiers légistes dont le moindre mérite est une parfaite loyauté ;

En réalité,

Ces officiers, ce sont les *Capitulards* connus, les *Reculards* par excellence de la campagne de France.

Ces Colonels, ces Commandants, des *Fusillards*
de Versailles.

Ceux-là surtout qui ont égorgé dans Paris, le plus
de femmes, le plus d'enfants, et qui savent, par conséquent, où sera leur place, le jour où les hommes
comme Rossel ne seront pas vendus, trahis par des
vicomtes de Montaut.

Aussi font-ils merveille, ces Merlin, ces Boisdenemetz.

Mais le pays veut savoir ce qu'il en faut penser
de ces merveilles.

Et il le saura.

Pas à pas, nous les suivrons ces enquêtes, ces
Cours Martiales.

La Vérité, qui fera justice de leurs mensonges,
nous est connue tout entière ; et tout entière nous la
dirons.

Mais comme nous voulons, nous, un contrôle sûr

et facile pour nos affirmations, pour nos preuves, nous les produirons en regard des affirmations officielles, et au fur et à mesure qu'elles seront lancées dans le public.

Les *Cours Martiales* en pleine activité, depuis longtemps déjà, nous vont occuper, seules, en attendant que les *Enquêtes* qui se préparent, se soient révélées publiquement.

Mais pour que la lumière se fasse plus complète et plus vive dans la procédure étrange, de ces Cours Martiales, il est utile de mieux définir et leur but, et leur raison d'être. Il faut, pour cela, rappeler les égorgements de Paris qui sont la cause essentielle de leur installation ; et qui ont en outre déterminé le caractère spécial de chacun de ces tribunaux ; et jusqu'au tempérament de chacun des hommes qui les dirigent, les composent.

Ces massacres, que le maréchal Mac-Mahon croit devoir passer sous silence, dans son *Rapport sur les*

Opérations de l'armée de Versailles, s'élèvent, d'après les constatations de la municipalité, à 18,000 hommes, femmes et enfants. Et ce chiffre ne doit pas être sûrement supérieur au chiffre réel.

Il faut observer aussi qu'en ces 18,000 cadavres, ne sont point compris les hommes tombés en com - battant derrière les barricades.

Et pourtant ce n'est pas l'énormité du chiffre qui frappe.

La forme de ces tueries, les **détails** qui mar- quent chacun de ces égorgements d'un caractère par- ticulier ; qui lui donnent, ce semble, la physionomie et comme la personnalité, de celui qui les exécuta, sont le côté saillant, étrange, inouï de ces massacres.

Voyez-le, d'ailleurs, en ces quelques faits pris au hasard, non dans les plus atroces, mais simplement parmi les plus connus :

Ouvrons cette lettre que nous livre un honnête·

homme indigné et que lui écrivait le 28 mai dernier un chef de bataillon de ses amis, et lisons :

. . . .

" ... Quand nous en avions un tas, de ces voyoux, que l'on trouvait dans les greniers et les caves, on creusait pour eux, un énorme trou de 5 mètres de diamètre, sur 1 mètre 60 c. de profondeur.

" Nos gendarmes, alors, les poussaient à coups de crosse dans le trou, où ils en empilaient tant qu'il en pouvait tenir. Puis, reculant de deux pas, ils faisaient feu à volonté dans le tas.

. . . .

" *Tant que ça grouillait, nous tirions...* "

Par malheur, ces noms, qui devraient à jamais flamboyer au pilori des lâches, nous sont inconnus pour la plupart. Ainsi, nous ignorons comment se fait appeler l'officier, — un capitaine, — qui a pris une part active au drame suivant :

C'était dans l'une de ces rues que les égorgeurs dépeuplèrent presque totalement : sous une porte cochère toute encombrée de cadavres, un groupe s'agite hurlant : ce sont des soldats qui traînent une jeune fille de 16 à 18 ans.

Elle se débat, la malheureuse. Jupons, robe et corsage volent autour d'elle, en lambeaux arrachés. Mais elle tombe enfin à bout d'efforts.

Et pendant qu'elle est là gisante, pâle déjà comme une morte,

Un des soldats la viole avec une rage féroce, tandis que ses camarades l'excitent par mille gestes inénarrables.

La scène finit par un coup de sabre-baïonnette, qui mit à nu les intestins de la victime.

Le *capitaine* dont nous parlons quasi-mêlé à ce

groupe, suivait d'un œil allumé les phases diverses de l'action. Par deux fois au moins, nous l'avons vu repousser la jeune fille, qui s'était rejetée vers lui avec des yeux suppliants.

Ce crime avait été commis le matin, vers neuf heures. Le soir, à sept heures, le cadavre de cette pauvre fille était encore à la même place, près du ruisseau, dans la rue.

Le supplice de cette malheureuse nous remet en mémoire ces femmes et ces enfants — cinq ou six cents—que l'on menait à Versailles, entre deux haies de fusillards, et sous le commandement de *plusieurs officiers*.

Cette colonne, dont la marche était rhythmée par des sanglots, un prêtre la suivait :

"... Elle fit halte — nous écrit ce prêtre — près de l'église Saint-Augustin.

Ces êtres faisaient mal à voir. Il y en avait de ces femmes, dans la boue, affaissées le long des murs. La face livide, on eut dit des cadavres. D'autres, affolées de terreur, s'agitaient, convulsives, comme en épilepsie.

Un groupe tout à coup se traînait suppliant jusqu'aux pieds des soldats. On entendait les enfants qui demandaient grâce avec des cris déchirants,

Et les soldats répondaient à coups de fusil tirés à bout portant.

Sous les quinze ou vingt balles qui trouaient ainsi cette masse, il en tombait de ces femmes. Les unes étaient mortes, les autres râlaient.

Un officier trouvant que ces dernières avaient l'agonie trop bruyante, les faisait achever à la baïonnette.

Il y eut ainsi plusieurs haltes pareilles avant d'arriver à destination, et plusieurs centaines de femmes et d'enfants furent tués pareillement.

E. entrant à Versailles, le reste de cette colonne lugubre fut accueilli à coups de canne, par ces messieurs de Tortoni, ces pâles cocodès, vermine dorée que la peur avait jetée hors de Paris, et par les huées de ces filles publiques qui, depuis septembre 1870, font les délices de la ville officielle.

A ces détails horribles, on a le cœur serré, n'est-ce pas ?

Mais les gens de religion ne jugent pas ainsi, et c'est d'un cœur léger et d'une plume calme qu'ils nous font des récits de même genre.

Lisez l'*Union* du 13 juin :

" Une enttative de révolte, dit la feuille sainte, a eu lieu pendant la nuit de jeudi à vendredi, par un convoi d'insurgés, près de la station de la Ferté-Bernard.

" Le train avait dépassé la gare de 200 mètres à peine, quand des cris, des vociférations partirent de plusieurs wagons dans lesquels étaient entassés un certain nombre de ces individus.

" Le chef de l'escorte de police fit arrêter le couvoi : à l'ordre de faire silence, dit le *Nogentais*, les prisonniers répondent par des invectives, des insultes, et l'on s'aperçoit que des tentatives sont faites pour briser les planches de leurs prisons.

" *Les agents descendent, se rangent sur la voie... cinquante coups de révolvers retentissent, tirés à travers les trous à air. Le signal est donné, et le train repart à toute vapeur. Au Mans, la locomo-*tive est vite changée et le convoi roule jusqu'à destination. "

Ces exécutions isolées se reliaient d'ailleurs, par des ordres généraux, aux exécutions réglementaires de Passy, du bois de Boulogne, du Parc-Monceaux, de l'Ecole militaire, du Luxembourg, etc.

C'est là, dans ces immenses tueries, que les mitrailleuses emportaient par centaines tous ces pauvres diables, qni s'étaient rendus pour avoir *la vie sauve.*

Le *Châtelet* fût le moindre de ces vastes abat-t^oirs.

Mais il y avait, en revanche, un certain VABRE, chef de bataillon, qui mérite vraiment d'être cité comme un modèle du genre.

Ce Monsieur Vabre — un ami de M. Thiers — s'était donc installé au Châtelet ; c'est là qu'il opérait lui-même, dans les massacres rapides dont il avait fait une quasi-spécialité.

Sous ses yeux, en effet, on fusillait, on assommait, on éventrait, nuit et jour.

Et la moyenne du *rendement*, c'était :

De *neuf cents* à *onze cents* morts par 24 heures.

Fidèle à son poste — poste d'honneur pour les officiers de Versailles — le chef de bataillon était là toujours, en permanence.

D'un œil fauve il comptait les victimes, que l'on groupait devant lui, pour la mort ; il les insultait de sa voix rauque de colère.

Puis, de son sabre — sabre dont les prussiens n'avaient pas voulu — il les frappait à terre, mortes mourantes.

Ce même Vabre avait débuté — nous dit-on, au bois de Boulogne et à Passy, dans le *Règlement* des hommes *vendus* et *livrés* par l'estimable DUCATEL, ce petit cousin du vicomte de Montaut.

C'est donc lui, ce Vabre, qui le premier obligea ces malheureux à creuser eux-mêmes la fosse immense devant laquelle on les rangeait, et que comblaient ensuite leurs cadavres convulsés.

Et à ce propos, il nous souvient d'un détail qui n'est pas sans couleur :

Le travail de ces fosses, malgré le grand nombre des travailleurs, fut jugé trop long par Vabre et par ses camarades ;

Il y avait en outre un plus grave inconvénient, celui de laisser vivre les prisonniers tout le temp

que durait leur besogne. Ce système fut donc rem-
placé par une idée plus ingénieuse : celle de jeter
les suppliciés dans les casemates des bastions 54,
55, 56, 57 et 58.

On arrosait ensuite ces monceaux humains de pé-
trole et de goudron et l'on y mettait le feu.

Le hasard nous fit assister un jour à cette opération. C'était près de la porte Dauphine. Aux premières flammes, aux premières odeurs qui s'échap-
paient sinistres des deux ouvertures laissées au courant d'air, nous entendîmes des cris...

Tous n'étaient pas morts !

Mais ce n'était pas là, seulement, dans la solitude
de ces quartiers déserts, que l'on enterrait pêle-
mêle cadavres et blessés,

En plein Paris cela se faisait également.

En voici la preuve ; une preuve, entre mille peut-
être :

Un officier supérieur — honnête homme et démissionnaire, par conséquent — passait le 27 ou
28 mai près de la Tour St-Jacques ;

Il y avait là des cadavres en masse, entassés brutalement sous une couche de terre quasi-transpa-
rente, tant elle était légère.

Tout au-dessus, à l'air libre, se dressait livide
une main d'enfant.

Et cette petite main s'agitait frémissante.

Et des soldats riaient de la voir s'agiter ainsi.

Ils lui jetaient des pierres.

Ils pariaient à qui la " démolirait " le premier.

L'officier qui nous a conté ce trait de mœurs des
Versaillais à Paris, pleurait en nous le disant ces
jours derniers.

— Croyez-vous que ces soldats stupidement fé-
roces, seraient arrivés à jouer ainsi avec cette main

d'enfant ; croyez-vous qu'ils seraient descendus si
bas dans l'échelle des êtres, si leurs officiers ne leur
avaient donné l'exemple des lâchetés les plus fé-
roces ?

Quelques preuves à l'appui, preuves connues de
tout Paris :

M. Napias Piquet, un vieillard de plus de soixante ans, est arrêté, dans son lit, le vendredi matin
à neuf heures ;

On l'entraîne brutalement, lui laissant à peine le
temps de mettre un pantalon.

Au bruit inusité qui se fait dans la chambre, la
fille de M. Piquet est accourue, et, se jettant affolée
sur son père qu'elle veut arracher aux soldats, elle
essaie de le protéger contre les coups de crosse dont
on l'accable.

De là, une sorte de lutte horrible ; lutte d'une

femme contre plusieurs hommes, d'une fille qni dé-
fend son père.

L'officier, — un lieutenant — qui commande le
détachement intervient alors ;

Mais c'est pour mettre la pointe de son sabre sur
le cou de cette jeune femme qui, de ses bras crispés,
tient toujours le vieillard.

C'est ainsi, qu'elle est entraînée hors de la chambre, près de l'escalier, où son père, sur un signe de
l'officier, est égorgé dans ses bras.

Ce cadavre, on l'emporte jusqu'à la barricade du
Palais-Royal. et on le place au sommet et debout,
en l'équilibrant avec des pavés.

Il y est resté tcute la journée.

Mais, une montre d'or ; mais un portefeuille plein
de valeurs, qui étaient visibles sur la cheminée de
M. Piquet, furent égarés dans la lutte, et n'ont
jamais été retrouvés depuis.

D'antre part, les soldats racontaient que leur honorable lieutenant consultait sa montre bien souvent,
ce jour-là; et que durant les huit jours qui suivirent
l'expédition Napias-Piquet, il payait à boire à ses
subordonnés avec une générosité qu'on ne lui connaissait pas avant ce dernier fait d'armes.

Un autre lieutenant, non moins dévoué que ce
dernier à la *bonne cause,* s'était réservé le soin des
blessés;

Il allait, avec quelques hommes de choix, visiter
surtout ceux que l'on avait recueillis dans les maisons particulières.

Il arrive ainsi, un beau matin, boulevard du
Prince-Eugène, chez M. E. K..., riche négoçiant
alsacien qui soignait chez lui, depuis trois jours,
deux fédérés tombés devant sa porte.

Ces malheureux, dans le plus triste état, auraient été sauvés, pent-être, par l'amputation d'un membre ;

Mais quel chirurgien sérieux eut osé s'occuper d'un fédéré !

Le lieutenant propose alors à M. K... de transporter ces deux malades à l'hopital, afin de leu r assurer ainsi les soins nécessaires qn'ils ne pourraient avoir ailleurs.

D'une bonne poïgnée de main, M. K... remercie l'officier, qui fait tout doncement emporter les blessés par ses soldats.

Pas à pas, avec des précautions infinies, on descend un à un les degrés de l'escalier. On est bientôt sous la porte cochère.

Arrivés là, les blessés sont foudroyés à bout portant, sous les yeux de M. K..., dont la stupeur profonde fait rire ces soldats et ce *brave* lieutenant.

Mais il n'y a là qu'une espièglerie d'officier gouailleur, dans le fait qui précède, si on le compare à l'énergie d'un certain sous-lieutenant, qui opérait dans le voisinage, le même jour.

C'était rue Vieille-du-Temple, le vendredi 26.

Les fusillards occupaient l'Imprimerie Nationale, où ils avaient installé un poste d'observation.

Quiconque passait devant ce poste sans l'uniforme versaillais, était pris et fusillé, sans autre information.

Cette opération militaire avait déjà donné d'assez beaux résultats, et les cadavres entassés barraient déjà la rue, quand une pauvre vieille femme vient s'égarer jusque là.

Elle arrive juste au moment où tombait devant elle un fusillé rouge de sang.

La pauvre vieille pousse un cri d'horreur !

Et sur elle, alors, bondit comme un tigre le sous-lieutenant :

D'une main il la saisit au cou, et de l'autre lui plonge son sabre dans le ventre.

Cet officier — un tout jeune homme, de 23 à 25 ans, — raconte lui-même dans les cafés, le fait qui précède.

Combien de scènes pareilles nous faudrait-il décrire encore, pour donner seulement une faible idée des massacres de Mai ?

Nous en avons dit assez, néanmoins, pour prouver que M. Thiers, qui les a commandés, parce qu'ils lui étaient nécessaires, aura quelque peine à les rayer de son histoire, comme il les a rayés du *Rapport* de Mac-Mahon.

Cependant, les mensonges stupides, les faux-témoignages les moins déguisés, toutes ces fantasmagories de Cours Martiales, pourraient surprendre peut-être la bonne foi de ceux qui n'ont pas vu ces hideuses journées. Il leur viendrait des doutes sur ces horreurs trop réelles.

Mais nous allons les édifier pleinement, en leur prouvant, que les massacres de Paris n'ont été, sur une plus grande échelle, que la suite des égorgement *réglementaires* prescrits à l'armée de Versailles, durant sa lutte contre l'armée de Paris.

On se souvient, en effet, de la célèbre affiche posée sur les murs de Rueil ou de Chatou par les ordres de M. le marquis de Galiffet, général de cavalerie.

Avec le cynisme stupide qui fait de cette immonde canaille un être absolument à part. Il annonçait, par cette affiche, qu'il *venait de fusiller trois gardes nationaux attablés dans une auberge ;*

Et qu'il réservait un sort pareil à tous ceux que l'on surprendrait hors des rangs versaillais.

A défaut des termes précis qui nons échappent, — bien que ce texte ait paru dans vingt journaux,— tel était sûrement le sens de l'affiche.

Or, voici les détails de cette affaire : ils nous viennent d'un officier — démissionnaire à présent, bien entendu — qui avait eu l'humiliation grande d'être sous les ordres de Galiffet, ce jour-là :

C'était donc à Chatou ou à Rueil, et, — sûrement, dans l'un de ces villages, près de Bougival, qui sont restés parfaitement en dehors des opérations du second siége.

La peur, en outre, avait fait le désert en ces cam-

pagnes que le premier siége avait fortement éprou-
vées. Et ce village était à peu près abandonné. Aussi
notre général eût-il l'idée de s'en emparer brave-
ment. C'est ce qu'il fit par une charge furieuse, à la
tête de sa vaillante cavalerie.

Il alla prendre ensuite, an nom de M. Thiers,
possession de la mairie, dans laquelle il attendait le
Rapport de ses gendarmes qui fouillaient les envi-
rons.

Bientôt, en effet, ce détachement revint, amenant
à grand bruit trois pauvres diables garrotés solide-
ment et mourants de peur.

" *On les avait pris mangeant dans une anberge.*"

Le premier mot que leur adressa l'ex-écuyer de
l'ex-Empereur, ce fut un violent coup de sabre qu i
ouvrit le ventre de l'un d'eux.

Les autres furent hachés sur place par les gendarmes.

Le *Figaro* et le *Gaulois* appelaient ça :

" *Ouvrir les hostilités.* "

Il faut observer, d'ailleurs, que M. le marquis de Galiffet, n'en était pas alors à sa première lâcheté.

Depuis longtemps, en effet, ses instincts remarqnables s'étaient largement développés, dans les antichambres impériales, où Monsieur de Sedan se livrait à la culture facile de l'*officier-cocodès*.

Une simple histoire nous le dira du reste. Et cette histoire, la voici :

Il y a quelque dix ans, M. le marquis de Galiffet insulta grossièrement un honnète homme du meilleur monde qui eut la faiblesse trop chevaleresque de vouloir une rencontre avec lui.

Douze heures plus tard, on allait sur le pré.

Les témoins venaient de choisir le terrain pour un combat à l'épée ;

Et c'est à peine s'ils avaient livré les armes mesurées, quand M. de Galiffet, repoussant tout à coup l'un de ses amis qui était devant lui, se précipita sur son adversaire qui *n'était pas en garde*, et lui plongea le fer, *par deux fois*, entre la troisième et la quatrième côte.

La mort fût à peu près instantanée.

La scène fût horrible.

Bientôt revenus, néanmoins, de leur stupeur profonde, les témoins attachèrent l'assassin, qui fut ainsi transporté à Paris et déposé dans le bureau d'un commissaire de police.

Mais il y passa trois heures seulement.

Car l'empereur, son digne maître, étouffa l'affaire, bien que le Parquet eût été saisi dans la matinée.

Combien la chose était facile alors, en ce temps
béni des Devienne et des Procureurs *procurant* !

Donc, l'*affiche de Chatou* et le *massacre des
gardes nationaux*, ne pouvaient, on le voit, causer
grande surprise à ceux qui connaissaient déjà l'honorable marquis de Galiflet, général de l'armée de Versailles.

Il en faut donc conclure que c'étaient les mœurs
des soldats de M. Thiers.

Et cela est tellement vrai, que ce Galiffet, tout en
ayant le privilége, la spécialité, d'une si complète
ignominie, n'est pas le seul des généraux versaillais
qui se puisse vanter d'avoir pratiqué des exécutions
comme celles qui ont *ouvert les hostilités.*

Ducrot et **Douay,** entr'autres ; et après eux,

Boidenemetz et Merlin, auraient le droit de revendi-
quer une large part de ce monopo'.

L'un de ces messieurs se souvient, peut-être, de
cette cantinière, qui fit le voyage d'Asnière à Versailles, pour voir son mari prisonnier ?

Elle était partie, la vaillante femme, sous les obus,
à travers les balles, qui pleuvaient dru, de Bécon,
ce jour-là.

Mais, ce n'étaient pas ces balles qui la devaient
frapper.

D'état-major en état-major, elle courut bien longtemps, vingt fois renvoyée de l'un à l'autre. Elle
arrive pourtant, et par miracle sans blessure, jusqu'au général Ducrot.

Avec des sanglots, elle lui demande son mari, le
père de ses quatre enfants,

Et le général lui répond, avec un bon sourire :

" *Allez, allez, brave femme, on va vous conduire près de lui.* "

La pauvre mère dit " MERCI ! " à cet homme, comme elle eût dit " merci " à Dieu,

Et elle part heureuse au milieu de quelques soldats, jeunes, presque des enfants, qui lui parlaient doucement.

Mais un peu plus loin, à cent mètres, on fait halte, près d'un mur,

Et six balles, à bout portant, foudroient la cantinière, qui avait eu foi dans la parole d'un général versaillais.

La malheureuse avait eu le tort d'ignorer ce que signifie, dans l'armée de M. Thiers :

" *Conduire une femme à son mari.* "

Si les lauriers de cette histoire qui précède ont pu troubler parfois le sommeil du général Douay, c'est, de sa part, excès de modestie ; car le fait suivant, qui le regarde seul, lui doit prouver qu'il est, à tous égards à la hauteur de son ami Ducrot.

Il s'agit de *soixante-six cadavres* que nous avons vus, au rond-point de Colombes, le lendemain d'une surprise des avancés de l'armée de Paris.

C'était à " l'ouverture des hostilités. "

Ces cadavres, presque tous *défigurés* à coups de crosse, étaient rangés côte à côte ;

Ils avaient les mains ramenées au dos et liées fortement.

On les comptait ainsi :

Quarante-trois fédérés, en tenue, sans armes de 40 à 60 ans ;

Neuf femmes, dont une cantinière ;

Deux petites filles, de 7 à 9 ans ;

Cinq garçons de 9 à 13 ans.

Mais la plus jeune des femmes — costume de paysane — vous saisissait au passage. Dans sa face convulsée, dans le désordre de ses vêtements déchirés, dans la position de son corps, on lisait le drame d'un viol.

Un blessé versaillais, que nous recueillîmes à cent mètres de là, et qui avait assisté à cette exécution monstrueuse, nous en a révélé tous les détails, détails que nous taisons.

Mais ce que nous ne saurions taire, c'est que cette exécution s'est faite sur l'ordre et sous les yeux du général DOUAY.

Ajouterons-nous encore à ces faits qui précèdent, des faits de même genre, mais qui n'ont pas eu le retentissement du premier ? — Non. — On nous taxerait d'exagération ; peut-être, nous accuserait-on de faire de l'horrible à plaisir ?

Et comme nous voulons, si c'est possible, ne compromettre jamais le calme et la modération qui nous sont imposés par l'œuvre de justice que nous accomplissons, il nous faut taire les assassinats de l'armée de Versailles durant les opérations ; assassinats ignorés du public, parce qu'ils ont été commis en dehors de l'enceinte, en des lieux isolés complètement de la population de Paris.

Ceux de St-Ouen et d'Asnières, par exemple, dont on a souvent accusé les Prussiens du poste de Gennevilliers, ont été commis par les *gendarmes* fuyant sous le feu de la batterie qui commandait le pont de bâteaux, et de celle qui défendait les rives ouvertes de la Seine, de Clichy à St-Ouen.

Il nous en coûte cependant, de nous taire : car, ces égorgements nous les avons vus pour la plupart ; ils ont été, presque tous, accomplis sous nos yeux.

Mais la *Cantinière* de M. Ducrot et, les *soixante six cadavres* de M. Douay, qui ne sont ignorés de personne, ne laissent aucun doute sur ces exécutions par lesquelles l'*Armée de Versailles* préludait aux massacres de Paris.

Quant à l'*Armée de Paris*, il est aujourd'hui manifeste (Voir les débats des *Cours Martiales*) que durant les hostilités, elle n'a jamais usé de représailles ;

Que les prisonniers faits par elle, étaient soignés dans ses ambulances, dont les étrangers, anglais et américains, ont plus d'une fois admiré les excellentes dispositions.

Puisque nous voilà parlant de prisonniers, voulez-
vous savoir comment Versailles les a traîtés, ces
malhereux que les *fusillards* de M. Thiers n'ont pas
eu le te temps de fusiller ?

C'est en quelques mots seulement que nous allons
indiquer ce point d'histoire, trop connu, d'ailleurs,
pour qu'il soit nécessaire de s'y arrêter.

On n'ignore plus, en effet, maintenant, que l'on
fit à Versailles un entassement d'hommes, de femmes
et d'enfants, à l'Orangerie, à Satory, dans les caves
des grandes écuries, etc.

Ces malheureux privés d'air et de nourriture, ac-
cablés de mauvais traitements, mouraient en quelques heures. *Et leurs cadavres ponrrissaient parmi*

les vivants. Les émanations en devinrent bientôt si intenses que les habitants de Versailles eurent peur du choléra ; et se plaignirent au gouvernement.

C'est alors que l'on songea aux forteresses des villes du littoral et aux pontons.

Et voici comment se pratiquaient les envois de chair humaine :

Nous citons le *Siècle* du 9 ou 10 septembre :

Le 5 juin dernier un brave citoyen qui, pendant le siége, avait été commandant d'un bataillon de marche, et qui, après le 18 mars, avait absolument cessé de faire partie de la garde nationale, fut arrêté à la porte d'un café du boulevard, conduit à la mairie du 20ᵉ arrondissement, et le lendemain expédié à Satory.

C'est en vain qu'il demanda à être interrogé, qu'il supplia qu'on lui apprit le motif de son arrestation ;

ses gardiens ne lui répondirent que par un dédai-
gneux silence.

Au bout de seize jours passés à Satory, le malheureux fut compris dans un convoi de prisonniers
et dirigé sur les pontons de Cherbourg.

Nouvelles protestations de sa part, nouvelles ré-
clamations, aussi inutiles que les précédentes.

Après deux jours d'un pénible voyage dans un
wagon à bestiaux, où il est entassé avec une cinquan-
taine d'autres malheureux, notre homme arrive à
Cherbourg et est immédiatement embarqué sur un
horrible ponton.

Arrivé là, un lieutenant de vaisseau classe les prisonniers en deux catégories et place le commandant
dans la plus mauvaise, c'est-à-dire dans celle des
dangereux.

Or, les dangereux sont enfermés toute la journée
dans un étroit entrepont ; *ils manquent ou du moins*

ils manquaiennt à cette époque des choses les plus indispensables à la vie, et ne prenaient l'air qu'une demi-heure par jour. Il est de notre devoir d'ajouter que ceci se passait avant la visite de M. Jules Simon.

Enfin, après *soixante-onze jours de souffrances atroces,* c'est-à-dire le 3 septembre courant, le commandant est appelé à comparaître devant un capitaine d'infanterie, qui, après l'avoir interrogé, reconnaît que le prisonnier a été arrêté à tort et qu'il es victime d'une fatale erreur.

" Vous êtes libre, ajoute-t-il, seulement vous avez de la chance que votre nom commence par F ; s'il avait commencé par un V, vous auriez risqué d'attendre encore deux mois."

" Ceci se passait avant la visite de M. Jules Simon, — dit l'auteur de ces lignes qui précèdent.

Or, voici comment cela se passe depuis la visite de ce monsieur qui a nom : Jules Simon.

Il faut observer seulement que le document qui suit, n'est qu'une supplique *écrite sur le ponton* et sous les yeux des gardes-chiournes de l'endroit qui n'ont pas été sans mettre des sourdines, aux vérités mal sonnantes.

Voici le texte :

A M. Jules Simon, ministre de l'instruction publique.

Monsieur le ministre,

Les détenus politiques du ponton la *Ville-de-Nantes,* viennent vous exposer ce qui suit, en votre qualité de délégué du gouvernement, pour hâter l'examen de leurs positions respectives.

Beaucoup de détenus, bien qu'innocents à n'en pas douter, étant nantis de preuves certaines et connues des personnes les plus honorables, gémissent en état de prévention depuis près de *trois mois..*

La plupart sont pères de famille, et plusieurs *ont jusqu'à près de sept à huit enfants sans pain ;* d'autres sont chefs de maisons, d'ateliers industriels ou ouvriers laborieux : et leur absence de chez eux les mène à une ruine certaine, surtout après la longue guerre qui avait compromis tant de positions.

Indépendamment de ces intérêts en souffrance, il y a lieu d'appeler l'attention du gouvernement sur l'état moral et physique des détenus, privés des soins et de la présence de leurs femmes et de leurs enfants, avec la ruine pour triste perspective.

Leurs perplexités et leurs inquiétudes sont causes de maladies souvent graves, et dont plusieurs ont déjà été victimes.

Quel malheur, que de remords, que de regrets si, comme on a tout lieu de le penser, la mort les a frappés étant innocents !

En conséquence, les soussignés ayant gardé le

souvenir de la visite de M. le ministre et de la pro-
messe de hâter leurs interrogatoires,

Croient devoir s'en autoriser pour rappeler à M.
le ministre que cette visite et ces promesses bienveil-
lantes *remontent à près d'un mois, sans amélioration*
sensible dans la marche des interrogatoires.

Dans l'attente de cet acte d'équité et de justice,

Les soussignés ont l'honneur d'être avec la plus
haute considération,

De Monsieur le ministre,

Les très respectueux serviteurs,

(Suivent les nombreuses signatures.)

Ville-de-Nantes, en rade de Cherbourg, le 9 août.

En égorgeant ainsi tout un peuple de travailleurs
en détruisant le Paris prolétaire, M. Thiers qui con-
naît le Bourgeois — ce Bourgeois dont il est l'ex-
pression la plus haute — comptait bien lui faire dire
avec conviction :

" Mais ils sont tous des forçats évadés, ces *Com-
munards* ! — Voyez ! comme le *Gouvernement* les
fusille ! "

Eh bien, ce Bourgeois — qui l'aurait cru ? — n'a
pas dit ça du tout,

Il a même trouvé, dans les massacres de mai,
son Président un peu *raide*.

Et se souvenant de ce qu'était l'*Armée de Paris*
sous la Commune, il a comparé, il a discuté.

Et il a eu peur, le vieillard.

Bien vite alors, il s'est mis à la recherche de ces hommes comme il en faut à son service.

Les uns, il les a placés dans les Cours Martiales pour rédiger l'Histoire de Mai ; les autres dans les *Enquêtes* pour dissiper les ténèbres du premier siége'

Et, tout ensemble pour fournir l'aliment voulu composé selon la formule à cette curiosité malsaine, à ce besoin maladif de Justice et de Vérité qui ont envahi la Bourgeoisie même, malgré le culte prudent qu'elle a toujours professé pour la Loi du Plus Fort

Mais les Boisdenemetz, les Merlin et *tutti quant*, avec leur stupéfiante impudeur, ont-ils réussi dans la mesure voulue par le maître ?

Nous le saurons plus loin en compulsant le bilan de ses compagnies honnêtes.

Or, des discussisns pareilles n,étaient pas sans danger pour l'aveuir présidentiel de l'honorable M. Thiers, pour la pureté, la noblesse, la grandeur, de ses sentiments patriotiques.

Aujourd'hui, nous avons à prouver, que : M. Thiers est l'auteur unique des malheurs, des hontes et des crimes qui s'abattent sur Paris, depuis le 4 Septembre 1870 ;

Que, non-seulement cet homme a fait surgir lui-même les évènements les plus favorables à l'assou-vissement d'une passion effrenée pour le Pouvoir ;

Mais encore, que, ces crimes sans nom, il les devait commettre fatalement dans les circonstances qui ont éveillé en lui cette passion : passion que son grand âge, a faite indomptable et féroce,

Etant donnés, en effet, la structure morale et physique de ce vieillard, sa naissance, sa vie, et l'état de la France au 4 Septembre, tout ce qui est arrivé devait arriver, et Thiers en devait être l'auteur exécré.

C'est ce que vont nous prouver l'autopsie morale et physique de notre vaillant Président, l'histoire vraie de ses faits et gestes, depuis le 4 septembre 1870.

JUSTICE!

Parait tous les Samedis.

A LONDRES.

PRIX D'ABONNEMENT:

Six mois,...... 15 shillings.
Trois mois.... 8 —

ON S'ABONNE CHEZ:

M. Foucault, libraire, 46 bis, Rathbone place
  (Oxford street)
18, Claremont place, Judd street (Euston Road).
2, Church street (*Soho*), bureaux du QUI VIVE !
Chez tous les principaux libraires français.

EN VENTE:

A Bruxelles : chez tous les Libraires.

A Genève : chez tous les Libraires.

JUSTICE!

Paraît tous les Samedis.

A LONDRES.

PRIX D'ABONNEMENT:

Six mois...... 15 shillings.
Trois mois.... 8 —

—o—

ON S'ABONNE CHEZ:

M. Foucault, libraire, 46 bis, Rathbone place
(Oxford street)
18, Claremont place, Judd street (Euston Road).
2, Church street (*Soho*) bureaux du QUI VIVE!
Chez tous les principaux libraires français.

—o—

EN VENTE:

A Bruxelles: chez tous les Libraires.

A Genève: chez tous les Libraires.

www.ingramcontent.com/pod-product-compliance
Lightning Source LLC
LaVergne TN
LVHW022023080426
835513LV00009B/859